Ezhichigewaad Awesiinyag Dagwaagininig

Katie Peters

Gaa-anishinaabewisidood
Chato Ombishkebines Gonzalez

Lerner Publications ◆ Gakaabikaang

Anishinaabewisijigaade: ezhi-dibendaagwak © 2025 by Lerner Publishing Group, Inc.
What Animals Do in Fall izhi-wiinde
Ozhibii'igan: ezhi-dibendaagwak 2024 by Lerner Publishing Group, Inc.
Ogii-anishinaabewisidoon a'aw Chato Ombishkebines Gonzalez

Dibendaagwad ge-inaabadak yo'ow mazina'igan. Akawe da-bagidinige Lerner
Publishing Group, Inc. ozhibii'iganing giishpin awiya wii-aanjitood, naabibii'ang,
aazhawewesidood, biinish mazinaakizang. Gidaa-inootaan yo'ow mazina'igan giishpin
wiindamaageng wenzikaamagak.

Odibendaan Lerner Publications, Lerner Publishing Group, Inc.
241 First Avenue North
Gakaabikaang 55401 USA

Nanda-mikan nawaj mazina'iganan imaa www.lernerbooks.com.

Memphis Pro izhinikaade yo'ow dinowa ezhibii'igaadeg.
Linotype ogii-michi-giizhitoon yo'ow dinowa ezhibii'igaadeg.

Nimbagidinigoonaanig da-aabajitooyaang onow mazinaakizonan omaa mazina'iganing
ingiw: © GlobalP/iStockphoto, p. 3; © Chase Dekker/Shutterstock Images, pp. 4–5;
© suefeldberg/iStockphoto, pp. 6–7, 16 (ajidamoo); © Firn/iStockphoto, pp. 8–9, 16
(waawaashkeshi); © phototrip/iStockphoto, pp. 10–11; © MichelGuenette/iStockphoto,
pp. 12–13; © WestwindPhoto/iStockphoto, pp. 14–15, 16 (makwa).

Badagwaniigin: © Katie Davies/iStockphoto

ISBN: 979-8-7656-4944-2

Library of Congress Cataloging-in-Publication Data

The Cataloging-in-Publication Data for the English version of *What Animals Do in Fall*
   is on file at the Library of Congress

ISBN 978-1-7284-9120-2 (lib. bdg.)
ISBN 978-1-7284-9771-6 (epub)

Nanda-mikan yo'ow mazina'igan imaa https://lccn.loc.gov/2022033297
Nanda-mikan yo'ow waasamoo-mazina'igan imaa https://lccn.loc.gov/2022033298

Gii-ozhichigaade Gichi-mookomaan-akiing
1-1010578-53585-2/21/2024

Ezhisijigaadeg yo'ow Mazina'igan

Ezhichigewaad awesiinyag dagwaagininig

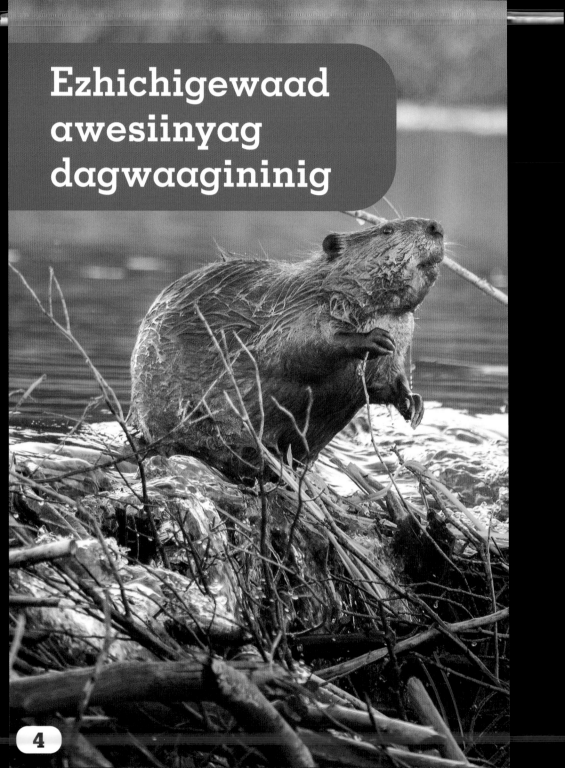

Ozhiitaawag da-biboonishiwaad ingiw awesiinyag.

Odasanjigonaawaan iniw
mitigominan ani-dagwaagininig.

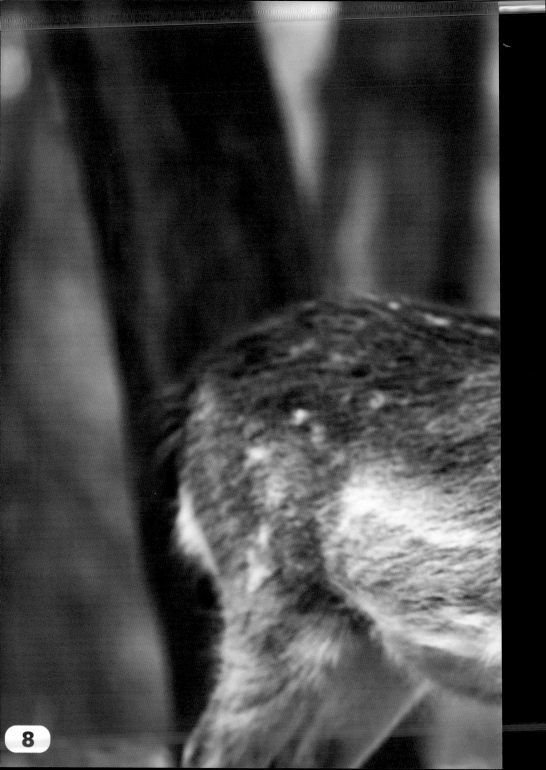

Ani-gipagadowewag ingiw waawaashkeshiwag ani-dagwaagininig.

Ani-waabishkadowewag ingiw waaboozoog ani-dagwaagininig da-angonaagoziwaad bibooninig.

Zhaawanong izhiinowag
ingiw nikag giizhooyaanig.

Odoozhitoonaawaan owaanzhiwaan da-na'iiwaad biboonishiwaad ingiw makwag.

Awenenag ingiw awesiinyag wayaabamajig ani-dagwaagig?

Gigii-waabamaag ina?

ajidamoo   makwa   waawaashkeshi

Ikidowinan

ajidamoo, 7   waabooz, 11

makwa, 15   waawaashkeshi, 9

nika, 13